1899 - Janvier 2

COLLECTION DE M. S. C.

ESTAMPES

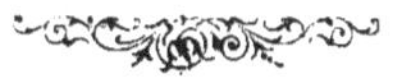

Janvier 1899

Mᵉ MAURICE DELESTRE
Commissaire-Priseur
5, Rue St-Georges

M. LOYS DELTEIL
Artiste Graveur, Expert
19, Rue St-Augustin

CATALOGUE

DES

ESTAMPES

DE

DE L'ÉCOLE FRANÇAISE DU XVIIIᵉ SIÈCLE

pièces imprimées en noir et en couleur

ÉCOLE ANGLAISE

Gravures relatives à la Révolution et au 1ᵉʳ Empire,

Composant la Collection de **M. S. C**.

Dont la vente aux enchères publiques aura lieu

HOTEL DES COMMISSAIRES-PRISEURS, Rue Drouot, nᵒ 9

SALLE Nᵒ 8

LE VENDREDI 27 JANVIER 1899

à 2 heures précises

PAR LE MINISTÈRE DE :

Mᵉ MAURICE DELESTRE, Commissaire-Priseur
5, rue St-Georges.

Assisté de M. LOYS DELTEIL, artiste graveur, expert,
19, Rue St-Augustin.

PARIS 1899

CONDITIONS DE LA VENTE

Elle sera faite au comptant.

Les acquéreurs paieront *cinq pour cent* en sus des adjudications.

M. Loys Delteil, chargé de la vente, remplira les commissions que voudront bien lui confier les personnes ne pouvant y assister.

MM. les amateurs pourront visiter la collection 19, rue Saint-Augustin, de 9 h. à 3 1/2 les jeudis 19, samedi 24, et jeudi 26, les autres jours (du mercredi 18 au jeudi 26) le matin de 9 h. à midi.

DÉSIGNATION

ESTAMPES

Adresses.

1 — Adresses de Papetiers et Marchands d'Estampes : Jollivet, à *l'Image Notre-Dame*. — Cabaret, au *Griffon*. — Leclercq, aux *Armes de la Princesse de Conty*. — Blaisot, Marchand d'Estampes. — Cartes de visite : Mme la Comtesse Batthyany, née Estherhazy ; Comte Ossolinski, M. Martens. En tout sept pièces, belles épreuves.

2 — Dépôt d'eau de Cologne de Jean-Marie Farina, 1810-1818. Trois placards in-fol. avec portrait, armoiries et bordures typographiques. Très belles épreuves. Très rares.

Alix (P.-M.)

3 — Barra (Joseph), d'après Garnerey. In-4°. Superbe épreuve impr. en couleurs, à toutes marges.

4 — Voltaire (F.-M. Arouet de), en habit rouge. Très belle épreuve impr. en couleurs, sans marge.

Allais (Mme)

5 — Vialla (Agricola). Ovale petit in-fol. Superbe épreuve impr. en couleurs, marges.

Almanachs

6 — Almanach de la fortune ou Agenda de la rue Quimquempoix, 1720, par Benard. Très belle épreuve.

7 — Almanach pour l'année 1773, avec douze petits sujets en deux planches. Très belles épreuves.

Anselin (J.-L.)

8 — Pompadour (Mme de), en *Belle Jardinière*, d'apr. C. Vanloo. In-4°. Bonne épreuve.

Bartolozzi (F.)

9 — Fillette jouant avec un écureuil. — Jeune garçon cueillant des pommes. Deux petites pièces ovales, d'après W. Hamilton. Très belles épreuves impr. en couleurs. Rares.

10 — *Sorrows of Werther*, d'après Ramberg. 1785. Ovale in-4°. Très belle épreuve impr. en bistre, à grandes marges.

Bartolozzi et Schiavonetti

11 — Louis XVI.— Marie-Antoinette.— Marie-Thérèse-Charlotte de France. Trois portraits, d'après Boze, Stroehling et Kalterer. Très belles épreuves.

Baudouin (d'après P.-A.)

12 — Les Amants surpris, par P.-P. Choffard. Belle épreuve.

13 — L'Enlèvement nocturne, par N. Ponce. Très belle épreuve de l'ancienne réimpression, à toutes marges.

14 — Les Cerises. — Annette et Lubin. Deux pièces, par N. Ponce. Bonnes épreuves.

15 — Le Jardinier galant, par Helman.— Marchez tout doux, parlez tout bas, par Choffard. Deux pièces. Anciennes épreuves.

Benwell (d'après J.-H.)

16 — *Cupid Desarmé*, petite pièce ovale par C. Knight, 1786. Très belle épreuve impr. en couleurs, avec marges.

Bernard (J.)

17 — La Joueuse de luth, d'après M. A. de Caravage. In-fol. Superbe et rare épreuve du 1ᵉʳ état, avant toutes lettres. Marges.

Boilly (d'après L.)

18 — *Que n'y est-il encore*, par Petit. Belle épreuve.

19 — La Pièce curieuse, par Darcis. — *Honny soit qui mal y pense*, par Bonnefoy. Deux pièces in-fol.

Bonnefoy (à Paris, chez)

20 — Disposition du coucher. Très belle épreuve, marge.

Bonnet (L.-M.)

21 — Les apprêts du Bain, d'après J.-B. Huet. Belle épreuve impr. en couleurs, marges.

22 — Le Maître de dessin. Belle épreuve impr. en couleurs, sans marges.

23 — Jupiter et Antiope. In-fol. Belle épreuve impr. en couleurs.

Bosio (d'après J-B.)

24 — S. M. I. R. Joséphine, Impératrice, en pied, par D. Cavalli, 1809. Grand in-fol. Très belle épreuve. Rare.

Boucher (d'après F.)

25 La Courtisane amoureuse, par De Larmessin. Très belle épreuve avant l'adresse de Buldet, à grandes marges.

26 — Vénus se préparant pour le jugement de Pâris, par de Lorraine. Très belle épreuve, marge.

27 — La Belle cuisinière, par P. Aveline. Très belle épreuve avec marges.

27 — Jupiter et Léda, par W. Ryland. — Vénus sur les eaux, par Levasseur. Deux pièces. Très belles épreuves avec marges.

29 — Les Confidences pastorales. — La Toilette pastorale. Deux pièces faisant pendants, par Cl. Duflos. Très belles épreuves à grandes marges.

30 — Le Pasteur complaisant.— Le Moulin à eau.— Le Petit pont. Trois pièces par A. et P. Laurent. Très belles épreuves.

31 — Vénus et l'Amour, imitation de pastel, par L. Bonnet. Le Petit Vendangeur, sanguine, par Demarteau. Deux pièces. Très belles épreuves, marges.

32 — La Chasseuse aux cœurs (n° 73). — Têtes de Femmes. Trois pièces, par Demarteau. Très belles épreuves impr. en sanguine, marges.

33 — Vignettes pour *Acajou et zirphile*, par P.-Q. Chedel. Dix pièces in-4°. Belles épreuves à toutes marges.

Bunbury (d'après H.-W.)

34 — Expectation, par Rose Le Noir. Pièce ronde in-fol. Très belle épreuve impr. en sanguine.

Burke (Th.)

35 — Lunardi (Vincenzo), d'après Nesmith, 1785. Ovale in-8. Très belle épreuve impr. en bistre, avec marges.

Carmontelle (L.-C. de)

36 — Voltaire, de profil à gauche. Pièce signée : *Paris, 1778, C.* Très belle épreuve, marge.

Choffard (P.-P.)

37 — Rossel (L.-A. de). d'après François, 1790. Très belle épreuve avant la lettre, la tablette blanche (légères taches dans la marge).

38 — Grand fleuron aux armes de Catherine II, daté de 1788. Très belle épreuve avant la lettre, marges.

Claessens (L.-A.)

39 — Corday (Charlotte), petite pièce ronde, anonyme. Très belle épreuve à grandes marges. Rare.

Cochin le fils (par et d'après C.-N.)

40 — Décoration du Bal masqué donné par le Roy, le 25 février 1745. — Décoration de la salle de spectacle, à Versailles, pour le mariage du Dauphin, 23 février 1745. Deux pièces, grand in-fol. Belles épreuves, marges.

41 — Frontispice avec le buste de Mariette, par P.-P. Choffard, 1775. Très belle épreuve avant la lettre, petites marges.

Costumes

42 — Les Russes à Paris, pièce publiée par Vallardi. Très belle épreuve, coloriée.

43 — La Promenade en bokei (*Le Suprême Bon Ton*, n° 26). Très belle épreuve à grandes marges, coloriée.

44 — La Toilette. — Les trois Grâces du Ballet de... — Les Grâces en Pantalon (*Le Bon Genre*, n°ˢ 5, 26 et 42). Très belles épreuves, coloriées.

45 — Costumes des Théâtres de Paris, publiés par Martinet. (Pl. 201, 204, 206, 207, 211, 212, 214, 215, 216, 217, 230, 231, 232, 235, 236, 237, 240, 242.) Vingt pièces. Très belles épreuves, coloriées.

46 — Costumes des Théâtres de Paris, publiés par Martinet. (Pl. 248, 253, 254, 258, 263, 265, 269-272, 275, 376, 278, 280, 281, 283-285, 292, 297.) Vingt-deux pièces. Très belles épreuves, coloriées.

47 — Costumes Parisiens (recueil *L'amesangère*). (Pl. 507, 509, 516, 518, 537, 546, 563, 565, 571, 583, 596, 598, 599, 601, 613, 620, 623, 635, 637, 649, 652, 656, 657, 663, 666.) Vingt-cinq pièces. Très belles épreuves, coloriées.

Coutellier et Janinet.

48 — Julien (Mᵐᵉ), de la Comédie Italienne.— Guimard (Mˡˡᵉ). — Vue de la maison de Mˡˡᵉ Guimard. Trois pièces. Belles épreuves impr. en couleurs, une à toutes marges.

Debucourt (P.-L.)

49 — Le Compliment ou la Matinée du jour de l'an. — Les Bouquets ou la Fête de la grand'maman. Deux pièces faisant pendants. Superbes épreuves imprimées en couleurs, avec l'adresse du graveur.

50 — La Promenade publique, 1792. Très belle et rare épreuve impr. en couleurs avec le nom de Debucourt, mais avant la lettre.

51 — L'Invocation à l'Amour. In-4°. Très belle épreuve impr. en couleurs, marges.

52 — Les Visites, pièce publiée le premier jour du dix-neuvième siècle. Bonne épreuve en couleurs.

53 — Houssard Français. — Militaires Anglais. — Artilleur et Chasseurs Anglais. — Militaires de la Garde Impériale Russe et Allemande. — Houssard Anglais. — Artilleur Anglais. Six pièces d'après C. Vernet. Belles épreuves, les deux dernières coloriées.

54 — Le Chiffonnier, d'après C. Vernet. — Berceau de Paul et Virginie. Deux pièces. Très belles épreuves, une à toutes marges, impr. sur teinte.

55 — La Soif de l'or. — Daphnis et Chloé. Deux pièces d'après Prud'hon. Très belles épreuves à grandes marges, impr. en bistre. Rares.

56 — Une Ambulance, d'après H. Bellangé. In-fol. Bonne épreuve.

Debucourt et De Lorme (d'après)

57 — L'Instruction villageoise. — Narcisse, nègre de la princesse de Conti. Deux pièces in-fol., par Glairon-Mondet.

Demarteau (G.)

58 — Le Jeune dessinateur, d'après F. Boucher. Très belle épreuve impr. en couleurs.

Desrais (d'après C.-L.)

59 — Le Bal Masqué, par L.-S. Berthet. In-4°. Superbe épreuve, marges.

60 — Le Départ de la chasse, pièce anonyme avec l'adresse de Crépy. Très belle épreuve à toutes marges.

61 — Vialla (Agricola), par Pitou. Ovale in-4°. Très belle épreuve à toutes marges.

62 — Le même portrait. Très belle épreuve à toutes marges, coloriée.

Duflos (à Paris, chez)

63 — Jeanne d'Arc. — Catinat. — Bayard. — Tourville. — Edouard VI. Cinq pièces. Très belles épreuves coloriées, à toutes marges.

Earlom (R.)

64 — *A Lady Reading*, d'après F. Bol. In-fol. Superbe épreuve, marges.

65 — *The Lion and Boar*, d'après F. Snyders. In-fol. Superbe épreuve, marges.

Ecole Anglaise.

66 — *Palemon and Lavinia*, par Tomkins, d'après W. Lantranson.— *Cupid*, par W. Nutter, d'après Shelley.— *Love*, par T. Ryder, d'après R. Cosway. Trois pièces. Belles épreuves, la première impr. en couleurs.

Ecole Française.

67 — La Bergère avec sa flûte. — Le Berger avec son oiseau. — Le Maître galant. — Le Mercure de France. — Vénus et Adonis. — Renaud et Armide. — Tête d'homme. — La Charité. Huit pièces, par Duflos, Guttenberg, Le Bas, Vidal, etc.

68 — S'il m'était aussi fidèle. — Le Soir. — La Comparaison. — Le moment délicieux. — L'Esclave heureux, etc. — Neuf pièces in-fol., d'après Baudouin, Fragonard, Schall et autres, par Dennel, De Ghendt, Bouillard, etc.

69 — Les Grâces au bain. — La Rêveuse. — L'Escarpolette. — Basse-cour. — Les Présents du Berger. — L'Agréable leçon, etc. — Dix pièces in-fol., d'après Boucher, Fragonard et Huet, par Gaillard, Bonnet, Lempereur et autres.

70 — Les Quatres Heures du Jour. — La Danse. — La Confidence.— Le Beau Commissaire.— La Vue, etc. Onze pièces d'après Baudouin, Eisen, Dardel, Jeaurat et autres.

Eisen (d'après F.)

71 — L'Amour en Ribotte. — Les Dragons de Vénus. Deux pièces faisant pendants, par L.H.Albou. Bonnes épreuves, la seconde avant toutes lettres.

Ex libris

72 — Archambault (d'), par Sergent, 1778. — Barnier (P.-E.), anonyme. — Bavière (ducs de), 1618. anonyme. — Deschamps (F.), 1747. — Frizon (N.-R.), 1704, par J. Le Roux. — Hell (F.-J.-A. de), par P.-P. Choffard, 1773. — Jacques-Christophe, évêque de Bâle (xvie siècle). — Le Leu d'Aubilly, par Delaître. — Pflamern (J. à), anonyme. — Sauvages d'Alais (de).— Souchay, par P.-P. Choffard, 1776, avant la lettre. — Anonyme, 1647, par Edouard Pearce.— Anonyme : devise, *Dnüs incrementnm dat*, par *P.C.J, 1785*. — Anonyme, monogramme *J. M.* — Anonymes sans devises. Seize pièces. Très belles épreuves, plusieurs rares.

Fiesinger (G.)

73 — Clermont-Tonnerre (Comte de). — Freteau (M.-P.).—
Jessé (H.). — La Fayette. — Lameth (A. et C.). — La
Rochefoucauld (A.-F. de). — Le Chapelier. — Malouet. —
Mirabeau. — Montesquiou. — Pétion. — Robespierre. —
Rœderer. — Sieyès. — Thouret. Seize pièces d'après
J. Guérin. Très belles épreuves impr. en bistre à toutes
marges.

Fragonard (H.)

74 — Bacchanales (de B. 8 et 9). Deux pièces. Belles épreuves.

Fragonard (d'après H.)

75 — La Famille du fermier, par Marillier et Romanet. Bonne
épreuve avant la lettre, marges.

76 — Les Hasards heureux de l'Escarpolette, par N. de Launay.
Superbe et rare épreuve avant la dédicace et avec la
faute au mot *escarpolettes*, marges.

Freudeberg (d'après S.)

77 — Les Confidences, par C.-L. Lingée, 1774. Très belle
épreuve, marge.

78 — La Gaieté conjugale, par N. de Launay. Superbe
épreuve, marge.

Goya (Fr.)

79 — Philippe III et Marguerite d'Autriche, son épouse. —
Philippe IV et Isabelle de Bourbon, son épouse. — Bal-
thazar-Charles, fils de Philippe IV. Cinq pièces d'après
Vélasquez. Belles épreuves, marges.

Greuze (d'après J.-B.)

80 — Greuze (J.-B.), d'après lui-même, par J.-J. Flipart, 1763.
Très belle épreuve, marges.

81 — *Etude du tableau de la Dame de Charité*, gravée par
J. Massard, 1772. Superbe épreuve à grandes marges.

82 — L'Invocation à l'Amour, par C.-F. Macret, 1778. Superbe
épreuve avant la lettre, à grandes marges.

83 — Têtes de petites Filles.— Tête de Vieillard. Trois pièces
in-fol. par Lucien et Mmes Lingée et H. Emery. Très belles
épreuves impr. en sanguine.

Guyot (L.)

84 — Les Quatres Heures du jour, cinq petits médaillons
ronds et ovale sur une même planche. Belle épreuve
impr. en couleurs.

Heattey (d'après F.-N.)

85 — *The Benevolent, Cottager,* par Mlle Rollet, 1788. Belle
épreuve impr. en deux tons.

Isabey (d'après J.-B.)

86 — Bonaparte, en pied, par Lingée et Godefroy. Grand
in-fol. Très belle épreuve avec la signature *manuscrite*
d'Isabey.

87 — Dugazon (Mme), par Monsaldy. Belle épreuve impr. en
couleurs, à grandes marges avec le *cachet* d'Isabey.

Janinet (J.-F.)

88 — Gabrielle d'Estrées, d'après F. Pourbus. Ovale in-fol.
Très belle épreuve impr. en couleurs, avant toutes
lettres, à toutes marges.

89 — Villa Madama. — Villa Sachetta, 1778. Deux pièces
in-fol., faisant pendants, d'après H. Robert. Très belles
épreuves impr. en couleurs.

90 Colonnade et Jardins du palais Médicis, d'après H. Robert.
Belle épreuve impr. en couleurs.

Jazet (J.-M.)

91 — L'Air, d'après Martinet. Bonne épreuve avant la lettre,
impr. en couleurs.

Jeaurat (d'après E.)

92 — La Place des Halles. — La Place Maubert. Deux pièces
faisant pendants, par J. Aliamet. Belles épreuves.

Kauffmann et Kuyper (d'après Angelica)

93 — Le Conseil des Grâces, par Macret. — Persévérance,
par Ryland. — *Hy leeft!* à la mémoire de H. Hooft, par
Claessens. Trois pièces in-fol. Très belles épreuves.

Lancret (d'après N.)

94 — L'Hiver, gravé par J.-P. Lebas. In-fol. Très belle
épreuve avec marges.

95 — Le Matin. — La Soirée. — Deux pièces par N. De Larmessin. Belles épreuves avant l'adresse de Crépy,
marges.

Lavreince (d'après N.)

96 — Ecole de Danse, par F. Dequevauviller (E.-B., 22).
Belle épreuve avec l'adresse du graveur.

97 — La Sentinelle en défaut, par L. Darcis (58). Très belle
belle épreuve avec *les noms des artistes tracées à la pointe*.

98 — La Sentinelle en défaut (58). — L'Accident imprévu (1).
Deux pièces faisant pendants, par L. Darcis. Superbes
épreuves, les noms des artistes gravés au burin, mais
avant que l'adresse : *rue des Mauvaises Paroles* n'ait été
remplacée par celle de la *rue des Mathurins*.

Le Beau.

99 — Louis XVI. — Marie-Antoinette. Deux portraits faisant pendants. Très belles épreuves à toutes marges, la première avant le n°.

Le Mesle (d'après)

100 — Le Cuvier. — La Clochette. Deux pièces in-fol., par Seinvork et Fillœul. Très belles épreuves avec marges.

Le Prince (d'après J.-B.)

101 — L'Amour à l'Espagnole, par A. de Saint-Aubin. Belle épreuve avec marges.

102 — Le Médecin clairvoyant, par Helman. — Le Moineau retrouvé, par R. Gaillard. Deux pièces. Très belles épreuves.

Levachez.

103 — Louis XVI, d'après J.-S. Duplessis, 1792. In-8. Superbe épreuve impr. en couleurs, à grandes marges. Rare.

104 — Marie-Thérèse, Madame Royale. Ovale in-4°. Très belle épreuve impr. en couleurs, à grandes marges.

105 — Le Rendez-vous à la Forêt, d'après Hubert. In-4°. Belle épreuve impr. en couleurs.

Lévilly (J.-P.)

106 — Seconde Leçon d'Amour. Superbe épreuve impr. en couleurs, à toutes marges.

Michel (J.-B.)

107 Dangeville (Mlle), actrice, d'après Pougin de Saint-Aubin. Très belle épreuve, marges.

Miller et Russel (d'après)

108 — *Innocent Recreation. — Animal Affection. — Belsy in Trouble. — The Dog's first sight of himself.* Quatre pièces in-fol. faisant pendant, par Bonnefoy et Schiavonetti le jeune, 1798-1800. Très belles épreuves impr. en couleurs, marges

Moreau le jeune (J.-M.)

109 — Grétry (M. 47). — La Borde (J.-B. de), d'après Denon (49). Deux pièces. Belles épreuves, une à toutes marges.

110 — Décoration du Sacre de Louis XVI, Roi de France et de Navarre, le 11 juin 1775 (81). Très belle épreuve, marge.

111 — Ouverture des Etats-Généraux le 5 mai 1789. Belle épreuve avec la *liste alphabétique* des noms des députés.

Moreau le jeune (d'après J.-M.)

112 — Couronnement de Voltaire, sur le Théâtre-Français, le 30 mars 1779, par E.-C. Gaucher. Très belle épreuve avant que les armes n'aient été effacées, marges.

Morland (d'après G.)

113 — La Première course de l'enfance. — Le petit Chartier embourbé. Deux pièces faisant pendants, par L.-C. Ruotte. Très belles épreuves à toutes marges.

114 — La Porte de la taverne. — L'Enlèvement. — La Belle pénitente. — La Toilette pour le bal. Quatre pièces par Bartolotti. Epreuves à grandes marges, mal conservées.

Paroy (le comte de)

115 — La Caverne de voleurs, 1786. Belle épreuve impr. en couleurs, réemmargée. Rare.

Pater (J.-B.)

116 — Troupes en campement, deux planches *différentes* de la même composition. Très belles épreuves, rares.

Pether (W.)

117 — *A Jew Rabbi*, d'après Rembrandt. In-fol., 1764. Superbe épreuve, marges.

Prévost (B.-L.)

118 — Cochin (C.-N.), très petit médaillon, en tête de page pour le *Catalogue de son œuvre*, par Jombert. Très belle et très rare épreuve tirée hors texte.

119 — Washington, général américain. Très belle et très rare épreuve avant toutes lettres, non terminée, la tablette blanche.

Prud'hon (d'après P.-P.)

120 — Choisir l'objet. — L'enflammer. Deux pièces gravées par Boisson. Très belles épreuves avant la lettre, à grandes marges.

121 — L'Amour réduit à la raison. — Vignettes pour un roman de Lucien Bonaparte. Cinq pièces, la première avant la lettre.

Purcell (R.)

122 — Jeune Femme à mi-corps, dans un Parc, d'après Van der Myn. Petit in-fol. Belle épreuve, marge.

Révolution et le Premier Empire

(Estampes sur la)

123 — Louis XVI, à cheval. Pièce anonyme. Très bel..
épreuve, coloriée.

124 — *Louis XVI, Roi des Français, couvert du bonnet de
la Liberté.* Petite pièce ronde anonyme. Très belle épreuve
impr. en couleurs.

125 — *Louis Seize, roi des Franceais.* Portrait anonyme, le
monarque coiffé du bonnet phrygien. Petit in-folio. Très
belle épreuve impr. en bistre, le bonnet *colorié,* à grandes
marges. Très rare. Collect. Didot.

126 — Louis XVI en grand costume de Cour, gravé par
P. Duflos, d'après Touzé. Très belle épreuve coloriée, a
grandes marges.

127 — Louis XVI, par Noreipa jeune, 1789. In-4°. Très belle
épreuve à grandes marges.

128 — Louis XVI, par Vérité, d'après Boze. In-4°. Très belle
épreuve impr. en couleurs, à grandes marges.

129 — Louis XVI. Cinq portraits par Boillet, Darosi, Dupon-
chel, F. Pfeiffer et Sullin. Très belles épreuves, deux à
toutes marges, une impr. en sanguine.

130 — Louis XVI. Neuf portraits in-8 et in-4° par Massard,
Sturm, Vérité et anonymes. Belles épreuves, une a toutes
marges.

131 — Louis XII, Henri IV, Louis XVI, trois médaillons reliés
par des branches de lauriers. On lit en légende :
XVI égalle XII, plus IV... Pièce anonyme. Très belle
épreuve impr. en couleurs, marges.

132 — Testament de Louis XVI, avec son portrait, par Renard.
— Testament de Marie-Antoinette, surmonté de son portrait, par le même graveur. Deux pièces in-fol. Très belles
épreuves à toutes marges.

133 — Marie-Antoinette enfant, manière-noire publiée à
Augsbourg, par C.-L. Burglen. — Marie-Antoinette, par
J.-E. Nilson, d'après Mititz. Deux pièces. Belles épreuves.
Rares.

134 — Marie-Antoinette, par Hubert d'après Queverdo, et
par Duplessis-Bertaux. Deux pièces. Très belles épreuves
à toutes marges, la première avant le nom des artistes.

135 — Marie-Antoinette. Huit portraits par Agar, M.-A. Croi-
sier, Q. Mark et autres. Bonnes épreuves.

135 — Louis XVII. par Bonneville, Coupé, Jean et Ruotte.
Quatre pièces. Très belles épreuves à toutes marges, une
coloriée.

137 — Marie-Adelaïde-Saveria de France, sœur de Louis XVI, *dans le Costume qu'elle prit à la mort de son frère...* Toute petite pièce ronde, publiée par Delaunay, 1802. Très belle épreuve impr. en couleurs. Très rare.

138 — Famille Royale de France. Cinq petits médaillons anonymes. Belles épreuves, une coloriée à toutes marges, une autre impr. en couleur sur satin.

139 — Corday (Charlotte), avec la scène de l'assassinat de Marat, par Massol, d'après Queverdo. Très belle épreuve impr. en bistre, à toutes marges.

140 — Marat, par Vérité. — Moreau (le Général), par Cardon et Coquerel. Trois portraits in-fol.

141 — Le Chapellier. — Maury (l'abbé J.-F.). — Mirabeau. Talleyrand (C.-M. de). Cinq portraits anonymes. Très belles épreuves à toutes marges, deux impr. en couleurs.

142 — *The gates of Paris, or brandy-rumps detected,* 1786. In-fol. Très belle épreuve coloriée, marges.

143 — Le Retour désiré, Louis XVI rappelle son Parlement. — A la Gloire de Louis XVI. Deux pièces gravées au lavis par Wolckh et C. Campion. Très belles épreuves impr. en bistre à grandes marges.

144 — Prise d'Armes aux Invalides. Petit in-fol. anonyme. Très belle épreuve impr. en couleurs.

145 — Prise de la Bastille. — La Journée à jamais mémorable... où Louis XVI se rendit à l'Hôtel de Ville. Deux pièces in-fol., publiées par J. Chéreau. Très belles épreuves coloriées.

146 — Vue du Champ de Mars, le 14 juillet 1790 (A Paris, chez Berthault). In-fol. Très belle épreuve coloriée.

147 — Siège de la Bastille. — Journée du 21 janvier 1793. — Pompe funèbre en l'honneur des Martyrs de la Journée du 10 août 1792. Trois pièces par Helman et G... Très belles épreuves avec marges.

148 — *Séparation de Louis XVI davec sa Famille.* — Adieux de Louis XVI à sa famille. — Exécution de Marie-Antoinette, pièce allemande anonyme. — A la mémoire de Louis XVI et de Marie-Antoinette, Londres, 30 octobre 1793. Cinq pièces. Très belles épreuves, deux avant toutes lettres.

149 — Boissy-d'Anglas à la Convention. — Fête à l'Etre suprême. — Arrestation de Robespierre. — Mort de Condorcet. — Cérémonie au Palais de Justice. — Joutes sur la Seine, etc. Dix pièces par J. Duplessis-Bertaux. Très belles épreuves à l'état d'eau-forte pure, la plupart à toutes marges.

150 — *Etrenne aux fidelles, 1793. — Saint-Véto* (Louis XVI
martir, oraison... Très belle épreuve. Rare.

151 — *J'ai écarté les coeurs...* (Louis XVI jouant aux cartes
avec un sans-culotte). Très belle épreuve impr. en bistre.
Rare.

152 — *French flight or, the Grand Monarque...* Caricature
anglaise sur Louis XVI et Marie-Antoinette. Très belle
épreuve coloriée. Rare.

153 — *Les Animaux rares ou la translation de la Ménagerie
Royale au Temple, le 20 Aoust 1792.* Très belle épreuve.
Rare.

153 — *The National assembly petrifiel. — The National
assembly revivified*, 1791. Deux pièces relatives à la fuite
de Louis XVI et à son arrestation à Varennes. Très belles
épreuves, coloriées.

155 — Les Jacobins allant révolutionner la lune en ballons.
Ah! ça ira... In-fol. Très belle épreuve. Rare.

156 — Touchez-la, M. l'Curé... — Riquetti - Cravate, ou les
deux n'en font qu'un. Deux pièces ovales. Très belles
épreuves impr. en couleurs. Rares.

157 — *Grand Necker ta sage prudence...* — Constitution
de la France. — L'Hommage sincère. Trois pièces allégo-
riques en l'honneur de Necker. Très belles épreuves, une
coloriée.

158 — La honte du forfait n'est que pour le coupable, par
Godefroy. — M. le M^s de la Fayette reçois des mains de
la Prudence la couronne de l'Immortalité..., par Lagar-
delle. — Décret de l'Assemblée nationale du 21 janvier 1790, par Piequenot. Trois pièces relatives à La
Fayette. Belles épreuves, deux à toutes marges.

159 — Grande séance aux Jacobins en janvier 1792, où l'on
voit le grand effet intérieur... — Fait historique arrivé à
Avignon. — Trames ministérielles. — Ségur traité comme
il le mérite. — On m'attends aux Feuillants. — J'y vais
aux Jacobins. Six pièces. Belles épreuves.

160 — Des capitaineries... — Des suppôts de la chicane,
délivrez-nous, Seigneur. — Moi libre. — Le dégel de la
Nation. — L'Anarchie. — Destruction de la Bastille... —
Encore eut-il mieux valu plier que rompre. Sept pièces.
Très belles épreuves, la plupart coloriées.

161 — MM. Delaunay, Flesselles... cherchant à se rendre aux
Champs-Elisées... — V'la un Grand pas de fait. — A bas les
impiots. — Lafayette à Rochefort... — Le Roi Janus. —
N. 1. Le Roi au milieu de son conseil... dit... — L'Allégorie
est assez claire... — Ils sont passés ces jours de Fête.
Huit pièces. Très belles épreuves, la plupart coloriées.

162 — Patience, Margot, j'auront ben-tôt 3 fois 8. — Le Jeu
du Hazard. — Le Goûté patriotique.— A la bonne heure...
chacun son écot. — Ha faut espérer... — V'la comme
j'avions toujours désiré... — J'savoit ben... — Cette fois-ci
la justice est du côté du plus fort. — Le temps présent...
Neuf pièces sur les Trois-Ordres. Très belles épreuves.

163 — Le Corps arisiocratique expirant... — M. Vélo. — En
reviendra-t-elle ? — Le Dentiste National.— L'Ancien pou-
voir des deux-ordres. — Voilà ce que c'est que d'en avoir
trop. — L'Assemblée nationale décrète que la noblesse
héréditaire est abolie. — J'attends l'événement...—Oh !
oh ! oh ! mon cousin...—Neuf pièces contre la Noblesse et
le Clergé. Très belles épreuves, plusieurs colorié.

164 — A Republicain Bau.— A Republicain Belle, par Cruik-
shand.— Cent Livres de Rente.— La Conquête de l'Egalité.
Pacte tacite. — M. Bailly. — Adieux de Louis XVI. — Fin
tragique de Louis XVI, etc. Dix pièces. Belles épreuves,
plusieurs coloriées.

165 — Bonaparte, Général en Chef der Italienischen Armée,
d'après G. Zanciro. Belle épreuve. Très rare.

166 — Napoléon. — L'Impératrice Joséphine. Deux portraits équestres publiés chez Jean. Très belles épreuves à
toutes marges, coloriées.

167 — Napoléon Ier. — Marie-Louise, *à Paris chez Jean*. —
Triomphe de la Religion (Napoléon Ier et Pie VI). — Napoléon en costume de Sacre, par Malbeste et Duprée, d'après
Percier. Quatre pièces. Très belles épreuves à grandes
marges, deux coloriées, la dernière avant la lettre.

168 — Le Jeu de Pharaon politique,1799. *A Paris chez Basset*.
Très belle épreuve impr. en bistre, accompagnée d'une
planche portant en allemand la légende du jeu. Rare.

169 — Portrait hiéroglyphique de Napoléon, le *Premier et
le Dernier,par la colère de Dieu*... Pièce publié à Londres
par Ackermann. In-fol. Très belle épreuve coloriée à
grandes marges. Très rare.

170 — *Die Fechtstunde*, par Buchhorn.— Commencement du
Finale (*à Paris chez Jeronimo Furioso*). Deux pièces
satyriques sur Napoléon. Très belles épreuves avec
marges. Rares.

171 — *Boney et the Great state Secretary*, 1806. — *General
Frost Shaveing Little Boney*, 1812. Deux caricatures sur
Napoléon Ier. Très belles épreuves coloriées, marges. Rares.

172 — *Astre brillant, immense...*, allégorie par Davos et Tar-
dieu, publiée à Londres. — *The Father of the Fameily*.....
Deux pièces relatives à Napoléon. Très belles épreuves
coloriées.

173 — *A review of the new, grand army. — Tiddy-doll the great French-Gingerbread-Baker...*, 1806. Deux pièces. Très belles épreuves coloriées, la seconde avec un coin restauré.

174 — *The Intriguante.* In-fol. Très belle épreuve coloriée, marges. Rare.

Reynolds (d'après sir Joshua)

175 — *Felina*, par Joseph Collyer, 1761. Superbe épreuve impr. en couleurs, à grandes marges. Rare.

176 — *A Contemplative youth*, par C.-H. Hodges. Très belle épreuve impr. en couleurs, marges. Rare.

177 — *Love me love my dog*, par C. Turner, 1825. Très belle épreuve à grandes marges.

178 — Méditation, par W. Ward, 1823. Très belle épreuve sur chine, à grandes marges.

Ridinger (J.-E.)

179 — Exercices d'équitation : Changer à droite. — Le pas aux murailles par la droite. — La vraie assiette du cavalier. — Cabrioles par la droite. — Palottade à droite. — Redopp. terre-à-terre. — Courbette à droite. — Reculer à la muraille. — Pirouette sur le petit cercle à droite. — Croupade à gauche. Dix pièces in-fol. Très belles épreuves.

Romney (d'après G.)

180 — *The seamstress*, par J. Brown. In-fol. Très belle épreuve impr. en couleurs, avec marges.

Rowlandson.

181 — *An Author & bookseller*, 1797. In-fol. Très belle épreuve en couleurs, marge.

182 — *A French ordinary*, 1804. In-fol. Très belle épreuve coloriée.

183 — *A Brace of brimstones*, 1806. In-fol. Très belle épreuve coloriée, marges.

184 — *The succesful fortune hunter*, 1812. In-fol. Très belle épreuve coloriée, à grandes marges.

Saint-Aubin (d'après Aug. de)

185 — Le Bal Paré. — Le Concert. Deux pièces faisant pendant, gravées par A.-J. Duclos. Très belles et rares épreuves avant les mots : *Graveur du Roi.* à la suite du nom de Saint-Aubin et avant l'adresse de *Chéreau* ; elles manquent de conservation.

Schall (d'après F.)

186 — Le Garde-Chasse scrupuleux ou le Nid découvert, par Aug. Le Grand. Très belle épreuve.

Schenau (d'après J.-E.)

187 — L'Origine de la Peinture ou les Portraits à la mode. — La Lanterne magique. Deux pièces faisant pendants, par J. Ouvrier. Belles épreuves.

Sergent (A.-F.)

188 — Marie-Thérèse-Charlotte, fille de Louis XVI, portrait publié par Chr. de Méchel, 1795. In 4°. Superbe épreuve impr. en couleurs.

189 — Charles - Louis, archiduc d'Autriche, portrait publié par Chr. de Méchel, 1797. Superbe épreuve impr. en couleurs.

190 — Hauy (Valentin), d'après Mme Favart, 1789. Très belle épreuve impr. en couleurs.

191 — Louis XVI. In-4°. Très belle épreuve, l'*entourage* impr. en bistre.

192 — Necker, d'après J.-S. Duplessis. Superbe épreuve impr. en couleurs, à grandes marges.

Smith (d'après J.-R.)

193 — *Credulous Lady and Astrologer*, par P. Simon. Ovale in-fol. Superbe épreuve impr. en bistre.

Sport et la Danse (Estampes sur le)

194 — *The pedestrian hobbies... — St-James Street in an Uproar or the Quarck Artist... — Taffy's Honor at Stake...* Trois pièces publiées à Londres, 1819-1821. Très belles épreuves coloriées, rares.

195 — *Stage waggon*, par J. Baily, d'après J. L. A., 1820. In-fol. Belle épreuve impr. en couleurs.

196 — *The three teams. — The Leap.* — Deux pièces par H. Alken. Très belles épreuves coloriées à grandes marges.

197 — *Lord Lyon, Winner of the Derby Stakes at Epsom... — Ridden by H. Custance.* Grand in-fol. Très belle épreuve, coloriée.

198 — *The Hombourg Waltz, with Characteristic....*, par Cruikhsank, 1818. Très belle épreuve coloriée, marges.

199 — *Vis à Vis, Accidentes in Quadrille Dancing.* — *Les Graces, Inconveniences in Quadrille Dancing,* 1817. Deux pièces faisant pendants, par Cruikshank. Très belles épreuves coloriées.

200 — *Quadrilles-practising for fear of Accidents !* — *Quadrilles.* — *La Pastorale an avant 3.* Deux pièces. Belles épreuves coloriées.

201 — *Moores Engagement to Margery.* — *Amanda.* — *The Resolve,* etc. — Dix titres de romances gravés par G. Bikham, la plupart relatives à la danse. Très belles épreuves. Rares.

Stothard (d'après Th.

202 — *The Ballad seller,* par A. Zecchini. Ovale petit in-fol. Très belle épreuve, coloriée.

203 — L'Entrée à l'Ecole.— La Sortie de l'école, deux pièces faisant pendants, par Laindor de Toulouse. — Famille de campagne, par Huet et Chaponnier. Trois pièces. Belles épreuves avec marges.

Taunay (d'après

204 — Noce de village, par Descourtis. Très belle épreuve impr. en couleurs, réemmargée.

Turner (Ch.)

205 — Marie-Thérèse-Charlotte de France, duchesse d'Angoulême, d'après H. Villiers, 1812. Superbe épreuve à grandes marges.

Valet (d'après

206 — *Ques-là,* par A. Le Grand. Très belle épreuve à grandes marges.

Vangélsty (V.)

207 — Mlle Caroline Wuïel, actrice, d'après Romany. Ovale petit in-fol. Très belle épreuve à toutes marges.

Varin (C.)

208 — Les Soins rustiques.— Occupations champêtres *(sic).* Deux petites pièces faisant pendants. Très belles épreuves à toutes marges.

Vernet (d'après C.)

209 — Les Ennuyés chez eux (Intérieur du café Procope), par Coqueret. Très belle épreuve, coloriée.

Villeneuve.

210 — *La Panthère autrichienne.* — *Le Traître Louis XVI.* — Deux pièces faisant pendants. Très belles épreuves tirées en bistre. Très rares.

Watteau (d'après Ant.)

211 — Wateau (Ant.), d'après lui-même, par F. Boucher et Lépicié. Deux pièces. Belles épreuves.

212 — La Diseuse d'aventure, par L. Cars. Très belle et très rare épreuve avant toutes lettres. Colletion de Goncourt.

213 — Pomone, par F. Boucher (de B.150). Très belle épreuve.

214 — Le Rendez-vous de Chasse, par M. Aubert. Belle et très rare épreuve, non terminée, avant toutes lettres.

215 — Voulez-vous triompher des Belles..., par Thomassin. Superbe épreuve avec marges. Collection de Goncourt.

216 — *Qu'ay-je fait, assassins maudits..* par le Cte de Caylus et F. Joullain. — L'Alliance de la Musique et de la Comédie, par J. Moyreau. Deux pièces à grandes marges.

217 — Le Frileux, arabesque, par J. Moyreau. Très belle épreuve à grandes marges.

Watts.

218 — Dédale et Icare, d'après Ant. van Dyck. In-fol., 1778. Superbe épreuve à toutes marges.

Wheathley (d'après F.)

219 — *A un sou, mes deux poignées de primeroses...*, par L. Schiavonetti. Belle épreuve.

Wille fils (d'après P.-A.)

220 — Les Soins maternels. — Les Délices maternelles, deux pièces faisant pendants, par G. Wille. Très belles épreuves avec marges. On y a joint le portrait de J.-G. Wille, par Ingouf. Ensemble, trois pièces

Wolff l'aîné (d'après)

221 — L'Amitié.— La Douceur. Deux pièces ovales gravées par son Frère. Très belles épreuves à toutes marges.

Woollett (W.)

222 — *The Fishery*, d'après Wright, 1764. In-fol. Très belle épreuve.

Young (John)

223 — L'Ange gardien, d'après R.-M. Paye. Manière-noire in-fol. Très belle épreuve.

Paris. — Imp. A, Charles, 26, Rue Rambuteau.